EL DEBER DE LOS PADRES

EL
DEBER
DE
LOS PADRES

Cómo Criar a Tus Hijos a
La Manera De Dios

J. C. RYLE

Nos encanta escuchar de nuestros lectores. Por favor contáctenos en www.anekopress.com/questions-comments para cualquier pregunta, comentario o sugerencia.

The Duties of Parents – J. C. Ryle

En Español: *El Deber de los Padres*

Edición Actualizada Copyright © 2022

Primera Edición publicada en 1888

Se prohíbe la reproducción, el almacenamiento en un sistema de recuperación o la transmisión en cualquier forma o por cualquier medio, ya sea electrónico, mecánico, de fotocopia, de grabación o de otro tipo, sin la autorización por escrito del editor. Póngase en contacto con nosotros a través de www.AnekoPress.com para obtener permisos de reimpresión y traducción.

A menos que se indique lo contrario, las citas bíblicas están tomadas de la Nueva Biblia de las Américas™ NBLA™ Copyright © 2005 por The Lockman Foundation. Usado con Permiso. www.Lockman.org

Fotografía de la Portada: Christophe Testi/Shutterstock

Traducción: Neyla M. La Salvia

Edición y Revisión: Rodney La Salvia

Aneko Press

www.anekopress.com

Aneko Press, Life Sentence Publishing, y nuestros logos son marcas de Life Sentence Publishing, Inc.

203 E. Birch Street

P.O. Box 652

Abbotsford, WI 54405

FAMILY & RELATIONSHIPS / Parenting / General

Paperback ISBN: 978-1-62245-849-3

eBook ISBN: 978-1-62245-850-9

10 9 8 7 6 5 4 3 2 1

Disponible donde se venden libros.

Contenidos

El Deber de los Padres 1

Instruye a tus hijos en el camino que deben seguir y no en el camino que quieren seguir. 3

Instruye a tus hijos con toda ternura, afecto y paciencia. .. 4

Instruye a tus hijos, porque mucho de su éxito depende de ti. 7

Instruye a tus hijos, sabiendo que el alma de ellos es lo más importante. 10

Instruye a tus hijos en el conocimiento de la Biblia 11

Enseña a tus hijos en el hábito de la oración. 13

Enseña a tus hijos en hábitos de diligencia y asistencia regular a la iglesia. 17

Enseña a tus hijos para que adquieran el hábito de la fe .. 20

Enseña a tus hijos a desarrollar el hábito de la obediencia 23

Enseña a tus hijos a decir siempre la verdad 25

Enseña a tus hijos a aprovechar el tiempo 26

Instruye a tus hijos, y ten cuidado con los excesos. 29

Instruye a tus hijos como Dios instruye a sus hijos. 32

Enseña a tus hijos con la influencia de tu propio ejemplo. 36

Enseña a tus hijos a darse cuenta del poder del pecado. ... 38

Enseña a tus hijos para que conozcan las promesas de la Escritura. 39

Enséñales siempre con una oración continua para que todo lo que hagan sea bendecido. 41

J. C. Ryle - Una Breve Biografía 47

También Por Aneko Press 53

El Deber de los Padres

Enseña al niño el camino en que debe andar, y aun cuando sea viejo no se apartará de él. – Proverbios 22:6.

Supongo que la mayoría de los que profesan ser cristianos conocen el texto que encabeza esta página. Su sonido es probablemente familiar para sus oídos, como una vieja melodía. Probablemente lo han escuchado, leído, hablado o citado muchas veces. ¿No es así?

Pero aun así, ¡qué poco se considera la sustancia de este texto! La doctrina que contiene parece ser escasamente conocida; el deber que nos plantea, raramente practicado. ¿No es verdad?

Este no es un tema nuevo. El mundo es antiguo, y tenemos la experiencia de unos seis mil años para ayudarnos. Vivimos en días en los que hay un poderoso celo por la educación en todos los rincones del mundo. Oímos hablar de nuevas escuelas que surgen por todas partes. Nos hablan de nuevos sistemas y nuevos libros de todo tipo y descripción para los jóvenes. Y aun así, la gran mayoría de los niños no son educados en el camino que deberían seguir, pues cuando llegan a la edad adulta, no caminan con Dios.

¿Cómo podemos explicar este estado de cosas? La pura verdad es que el mandamiento del Señor en nuestro texto no se respeta, y por lo tanto, la promesa del Señor en el mismo no se cumple.

Estas cosas bien pueden dar lugar a grandes exámenes de nuestros corazones. Presten atención, entonces, a una palabra de exhortación de un predicador sobre la correcta formación de los hijos. Créanme, este tema es uno que debe tocar toda conciencia y hacer que todos se pregunten: "¿Estoy haciendo todo lo que puedo en este asunto?"

La formación de los niños es un tema que preocupa a la mayoría de las personas. No hay casi ningún hogar que no se vea afectado por los niños. Los padres, las niñeras, los maestros, los tutores, los tíos, los hermanos y las hermanas, todos se interesan por ellos. Pocos son los que no pueden influir en algún padre en la gestión de su familia o afectar a la formación de un niño mediante sugerencias o consejos. Todos nosotros podemos hacer algo en este sentido, ya sea directa o indirectamente, y deseo alentar a todos a recordar esto.

Este es un tema en el que todos los interesados corren el gran peligro de faltar a su deber. Generalmente es un punto en el que las personas pueden ver las faltas de sus vecinos más claramente que las suyas propias. A menudo educan a sus hijos en el mismo camino que han denunciado ante sus amigos como inseguro. Verán astillas en las familias de otros hombres, pero pasarán por alto las vigas en la suya propia. Serán veloces como las águilas para detectar los errores ajenos, pero ciegos como los murciélagos ante los errores fatales que se cometen a diario en casa. Serán sabios con respecto a la casa de su hermano, pero tontos con respecto a su propia carne y sangre. Es aquí, más que en cualquier otro lugar, donde necesitamos cuestionar nuestro propio juicio. Esto también sería bueno que lo tuvieran en cuenta.[1]

Ahora, permítanme poner ante ustedes algunas sugerencias sobre la formación correcta. Que Dios Padre, Dios Hijo y Dios Espíritu Santo bendigan estas sugerencias y las conviertan en palabras oportunas para todos ustedes. No las rechacen porque sean contundentes y sencillas; no las desprecien porque no contengan nada nuevo. Estén muy seguros de que, si quieren formar a los niños para el cielo, estas son sugerencias que no deben dejarse de lado ni a la ligera.

Instruye a tus hijos en el camino que deben seguir y no en el camino que quieren seguir.

Recuerda que los niños nacen con una predisposición decidida hacia el mal; por lo tanto, si les dejas elegir por sí mismos, es seguro que elegirán mal.

La madre no puede decir lo que su tierno bebé

---

[1] Como ministro, no puedo dejar de observar que no hay casi ningún tema sobre el que las personas parezcan tan tenaces como lo son sobre sus hijos. A veces me ha asombrado la lentitud de los padres cristianos sensatos para admitir que sus propios hijos son culpables o merecen serlo. Hay muchas personas a las que preferiría hablar de sus propios pecados antes que decirles que sus hijos han hecho algo malo.

puede llegar a ser: alto o bajo, débil o fuerte, sabio o tonto; puede ser cualquiera de estas cosas o no; todo es incierto. Pero hay una cosa que la madre puede decir con certeza: tendrá un corazón corrupto y pecador. Es natural que hagamos el mal. *La necedad,* dice Salomón, *está ligada al corazón del niño* (Proverbios 22:15). *El niño consentido avergüenza a su madre* (Proverbios 29:15). Nuestros corazones son como la tierra que pisamos; si la dejamos sola, seguro que dará malas hierbas.

Si, pues, quieres tratar sabiamente a tu hijo, no debes dejarlo a la guía de su propia voluntad. Piensa por él, juzga por él y actúa por él como lo harías por cualquier persona débil y ciega, pero, por piedad, no lo abandones a sus propios gustos e inclinaciones caprichosas. Sus placeres y deseos no deben determinar su dirección. Todavía no sabe lo que es bueno para su mente y su alma, como tampoco lo que es bueno para su cuerpo. No dejes que decida lo que va a comer, lo que va a beber y lo que va a vestir. Sé coherente y trata su mente de la misma manera. Instrúyelo en la forma que es bíblica y correcta, pero no en la forma que a él o ella se le antoje.

Si no puedes decidirte por este primer principio de la formación cristiana, es inútil que sigas leyendo. La voluntad propia es casi lo primero que aparece en la mente de un niño, y debe ser tu primer paso resistirla.

Instruye a tus hijos con toda ternura, afecto y paciencia.

No quiero decir que los consientan, pero sí que les hagan ver que los aman.

El amor debe ser el hilo conductor de toda tu conducta. La amabilidad, la gentileza, la tolerancia, la paciencia y la simpatía son las cuerdas por las que un niño puede ser conducido más fácilmente. La voluntad de entrar en los problemas infantiles y la disposición a participar en las alegrías infantiles son las pistas que debes seguir si quieres encontrar el camino hacia su corazón.

Son muy pocas las personas, incluso entre los adultos, que no son atraídos más fácilmente de lo que son impulsados. Algo en nuestras mentes se levanta en contra de la exigencia; nos ponemos de espaldas y endurecemos nuestros cuellos ante la sola idea de una obediencia forzada. Somos como caballos jóvenes en manos de un domador de caballos. Cuando los manejas con amabilidad y se les hace mucho hincapié, eventualmente se les puede guiar con un hilo, pero si se los trata con rudeza y violencia, pasarán muchos meses antes de que consigas domarlos.

Las mentes de los niños tienen el mismo molde que las nuestras. La severidad y los modales los enfrían y los hacen retroceder. Cierran sus corazones, y ustedes se cansarán antes de poder encontrar la puerta. Pero hazles ver que tienes un sentimiento afectuoso hacia ellos y que realmente deseas hacerlos felices y hacerles el bien, de modo que si los castigas, sepan que es para su bienestar. Cuando vean que tú, como el pelícano, darías la sangre de tu corazón para alimentar sus almas, pronto se someterán y se entregarán a ti.[2] Pero hay que conquistarlos con amabilidad, si se quiere ganar su atención.

Y seguramente, la propia razón podría enseñarnos esta lección. Los niños son criaturas débiles y tiernas, y necesitan un trato paciente y considerado. Debemos manejarlos con delicadeza, como si fueran máquinas frágiles, por temor a que al tocarlos bruscamente les hagamos más daño que bien. Son como las plantas jóvenes y necesitan un riego suave, a menudo y sólo un poco cada vez.

No debemos esperar todo a la vez. Debemos recordar que son niños y enseñarles lo que pueden soportar. Sus mentes son como un trozo de metal, que no se puede forjar y hacer útil de una vez, sino sólo con una sucesión de pequeños golpes. Su entendimiento es como una vasija de cuello estrecho: debemos verter el vino del conocimiento gradualmente, o gran parte se derramará y se perderá. *Mandato sobre mandato, mandato sobre mandato, línea sobre línea, línea sobre línea, un poco aquí, un poco allá* debe ser nuestra norma (Isaías 28:10). La piedra de afilar hace su trabajo lentamente, pero el frotamiento frecuente hará que la cuchilla adquiera un filo fino. En verdad, la paciencia es necesaria para entrenar a un niño, sin ella no se puede hacer nada.

Nada compensará la ausencia de esta ternura y amor. Un predicador puede decir la verdad tal y como es en Jesús, de forma clara, contundente e incontestable; pero

---

2   El pelícano perfora su propio pecho con el pico para alimentar a sus crías con su propia sangre.

si no la dice con amor, pocas almas serán ganadas. Del mismo modo, debemos imponer a nuestros hijos su deber -mandar, advertir, castigar y razonar-, pero si falta el afecto en nuestro trato, toda labor será en vano.

El amor es un gran secreto para el éxito de la formación. La ira y la dureza pueden asustar, pero no convencerán al niño de que usted tiene razón. Si te ve perder a menudo tu temperamento, pronto dejarás de tener su respeto. Un padre que le habla a su hijo como lo hizo Saúl a Jonatán cuando *su ira se encendió contra él* y lo llamó *hijo de perversa y rebelde* (1 Samuel 20:30), no puede esperar conservar su influencia sobre la mente de ese hijo.

Esfuérzate por mantener el afecto de tus hijos. Es peligroso que tus hijos te tengan miedo. Cualquier cosa es casi mejor que la reserva y la inseguridad entre tu hijo y tú, pero la indecisión será el resultado del miedo. El miedo acaba con la franqueza; el miedo lleva al secreto; el miedo siembra la semilla de mucha hipocresía y lleva a muchas mentiras. Hay un tesoro de verdad en las palabras del apóstol a los Colosenses: *Padres, no exasperéis a vuestros hijos, para que no se desalienten* (Colosenses 3:21). Asegúrense de no pasar por alto el consejo que contiene este versículo.

Instruye a tus hijos, porque mucho de su éxito depende de ti.

La gracia es el más fuerte de todos los principios. Vean qué revolución produce la gracia cuando entra en el corazón de un viejo pecador: derriba las fortalezas de

Satanás; derriba las montañas y llena los valles; endereza las cosas torcidas y crea un individuo nuevo y completo. En verdad, nada es imposible para la gracia.

La naturaleza también es muy fuerte. Fíjate cómo lucha contra las cosas del reino de Dios: lucha contra todo intento de ser más santo, y continúa una guerra incesante dentro de nosotros hasta la última hora de la vida. La naturaleza es ciertamente muy fuerte.

Pero después de la gracia y la naturaleza, sin duda, no hay nada más poderoso que la educación. Los hábitos tempranos de buscar de Dios (si se me permite decirlo) lo son todo para nosotros. Somos hechos lo que somos por el entrenamiento. Nuestro carácter toma la forma de ese molde en el que transcurren nuestros primeros años.[3]

Dependemos en gran medida de quienes nos crían. De ellos recibimos un color, un gusto y una predisposición que nos acompañan más o menos toda la vida. Nos contagiamos del lenguaje de nuestras niñeras, maestras y madres y aprendemos a hablarlo casi inconscientemente. Sin duda, captamos al mismo tiempo algo de sus modales, maneras y mentalidad. Sólo el tiempo demostrará cuánto le debemos a las primeras impresiones y cuántas cosas en nosotros se deben a las semillas sembradas en los días de nuestra infancia por quienes nos rodearon. Un inglés muy erudito, el señor John Locke, dijo: "De todos los hombres que conocemos, nueve de cada diez son lo que son, buenos o malos, útiles o no, según su educación".

---

3   "No ha visto mucho de la vida quien no discierne en todas partes el efecto de la educación en las opiniones y hábitos de pensamiento de los hombres. Los niños sacan de la guardería lo que se manifiesta a lo largo de su vida". — Richard Cecil.

Todo esto es una de las disposiciones misericordiosas de Dios. Él da a sus hijos una mente que recibirá impresiones como arcilla húmeda moldeable. Él les da una disposición al principio de la vida para creer lo que les dices, para dar por sentado lo que les aconsejas, y para confiar en tu palabra antes que en la de un extraño. En resumen, te da una oportunidad de oro para hacerles el bien. Procura que la oportunidad no se descuide ni se desperdicie. Una vez que se pierde, desaparece para siempre.

Cuidado con ese miserable engaño en el que algunos han caído: que los padres no pueden hacer nada por sus hijos y que deben dejarlos solos, esperar la gracia y quedarse quietos. Estas personas tienen deseos para sus hijos al estilo de Balaam. Quisieran que murieran como el justo, pero no hacen nada para que vivan su vida. Desean mucho pero no tienen nada. El diablo se regocija al ver tal razonamiento, como siempre lo hace con cualquier cosa que parezca excusar la pereza o fomentar la negligencia de los recursos.

Sé que no puedes convertir a tu hijo. Sé que los que nacen de nuevo no nacen de la voluntad del hombre sino de Dios. Pero también sé que Dios dice expresamente: *Instruye al niño en el camino que debe seguir*, y nunca dio una orden con la que no diera al hombre la gracia de cumplirla. Y sé también que nuestro deber no es quedarnos quietos y discutir, sino avanzar y obedecer. Al avanzar, Dios nos saldrá al encuentro. El camino de la obediencia es el camino en el que Dios trae la bendición. Sólo tenemos que hacer lo que hicieron los sirvientes en las bodas de Caná: llenar las tinajas con agua; entonces podemos dejar con seguridad que el Señor convierta esa agua en vino.

Instruye a tus hijos, sabiendo que el alma de ellos es lo más importante.

Preciosos, sin duda, son estos pequeños a tus ojos, pero si los amas, piensa a menudo en sus almas. Ningún interés debería pesarte tanto como sus intereses eternos. Ninguna parte de ellos debería ser tan querida para ti como aquella parte que nunca morirá. El mundo con toda su gloria pasará; las colinas se derretirán; los cielos se envolverán como un pergamino; y el sol dejará de brillar. Pero el espíritu que habita en esas pequeñas criaturas, a las que tanto amas, las sobrevivirá a todas, y de ti dependerá que vivan en la felicidad o en la miseria (hablando como hombre).

Este es el pensamiento que debe prevalecer en tu mente en todo lo que hagas por tus hijos. En cada paso que des por ellos — en cada plan, esquema y arreglo que les concierna — no dejes de lado esa poderosa pregunta: "¿Cómo afectará esto a sus almas?"

El amor del alma es el alma de todo amor. Acariciar, mimar y consentir a tu hijo, como si este mundo fuera todo lo que tiene que mirar y esta vida la única etapa para la felicidad, no es verdadero amor, sino crueldad. Es tratarlo como una bestia de la tierra, que sólo tiene un mundo para disfrutar y nada después de la muerte. Le oculta la gran verdad que debería aprender desde su infancia: que el fin principal de su vida es la salvación de su alma.

Un verdadero cristiano no debe ser esclavo de la moda si quiere formar a su hijo para el cielo. No debe contentarse con hacer las cosas simplemente porque son la costumbre del mundo. No debe enseñar e instruir a sus hijos de ciertas maneras simplemente porque es la manera habitual. No debe permitirles leer libros de dudosa calidad sólo porque todos los demás los leen, ni dejar que adquieran hábitos de dudosa tendencia sólo porque son los hábitos del día. Debe formar con la mirada puesta en el alma de sus hijos. No debe avergonzarse de que su formación sea calificada de estrecha y extraña.

¿Y qué si lo es? El tiempo es corto; la moda de este mundo pasa. El que ha formado a sus hijos para el cielo más que para la tierra, para Dios más que para el hombre, es el padre que será llamado sabio al final.

Instruye a tus hijos en el conocimiento de la Biblia.

No puedes hacer que tus hijos amen la Biblia, porque nadie más que el Espíritu Santo puede darnos un corazón que se deleite en la Palabra. Pero sí puedes hacer que tus hijos se familiaricen con la Biblia; debemos tener en cuenta y estar seguros que nunca podrán familiarizarse con ese bendito Libro demasiado pronto o demasiado bien.

Un conocimiento profundo de la Biblia es el fundamento de toda visión clara de la Fe. El que está bien cimentado en ella, generalmente no vacilará; no se dejará llevar por cada viento de nueva doctrina. Cualquier sistema de formación que no haga del conocimiento de las Escrituras su prioridad es inseguro y poco sólido.

Deben tener cuidado en este punto, porque el diablo ronda y el error abunda. Se encuentran entre nosotros algunos que dan a la iglesia el honor que le corresponde a Jesucristo. Algunos hacen de los sacramentos los salvadores y pasaportes para la vida eterna. Y algunos, de la misma manera, honran más a un catecismo que a la Biblia, o llenan las mentes de sus hijos con miserables libritos de cuentos en lugar de las Escrituras de la verdad. Pero si amas a tus hijos, deja que la Biblia en su sencillez lo sea todo en la formación de sus almas y deja que todos los demás libros pasen a un segundo plano.

No te preocupes que tus hijos sean poderosos en el catecismo, sino ayúdales a serlo en las Escrituras. Esta es la formación que Dios honrará. El salmista dice de Dios, *has engrandecido tu palabra conforme a todo tu nombre* (Salmo 138:2), y creo que Dios da una bendición especial a todos los que tratan de engrandecerla entre los hombres.

Asegúrate de que tus hijos lean la Biblia con reverencia. Enséñales a considerarla no como palabra de hombres, sino como es en verdad, la Palabra de Dios, escrita por el Espíritu Santo mismo, toda verdadera, toda provechosa, y capaz de hacernos sabios para la salvación mediante la fe que es en Cristo Jesús.

Asegúrate de que la lean regularmente. Enséñales a considerarlo como el alimento diario de su alma, como algo esencial para la salud diaria de su alma. Sé que no puedes hacer de esto más que un hábito, pero no se sabe la cantidad de pecado que un mero hábito podría frenar indirectamente.

Asegúrate de que lean toda la Palabra. No tienes que rehuir de presentar cualquier doctrina ante ellos. No hay que suponer que las principales doctrinas del cristianismo son cosas que los niños no pueden entender. Los niños entienden mucho más de la Biblia de lo que creemos posible.

Háblales del pecado, de su culpa, de sus consecuencias, de su poder y de su vileza; verás que pueden comprender mucho de esto.

Háblales del Señor Jesucristo y de su obra para nuestra salvación: la expiación, la cruz, la sangre, el sacrificio y la intercesión. Descubrirán que no hay nada más allá de ellos en todo esto.

Háblales de la obra del Espíritu Santo en el corazón del hombre, de cómo Él cambia, renueva, santifica y purifica. Pronto verás que pueden aceptar esto en alguna medida. En resumen, sospecho que no tenemos ni idea de lo mucho que un niño pequeño puede asimilar de lo largo y ancho del glorioso evangelio. Ellos ven mucho más de estas cosas de lo que suponemos.[4]

Llena sus mentes con las Escrituras. Deja que la Palabra more en ellos. Dales la Biblia, toda la Biblia, incluso mientras son pequeños.

---

[4] En cuanto a la edad en que debe comenzar la instrucción religiosa de un niño, no puede establecerse ninguna regla general. La mente parece abrirse en algunos niños mucho más rápidamente que en otros. Rara vez se empieza demasiado pronto. Hay ejemplos maravillosos de lo que un niño puede lograr, incluso a los tres años de edad. Nota del editor: Estudios recientes (desde 1975) han demostrado que los bebés de tan sólo seis meses pueden desarrollar una comprensión y entendimiento tempranos si los padres les hablan y les explican las cosas.

Enseña a tus hijos en el hábito de la oración.

La oración es el aliento vital de la verdadera religión. Es una de las primeras evidencias de que un hombre ha nacido de nuevo. Así dijo el Señor de Saulo el día que le envió a Ananías, *He aquí que está orando* (Hechos 9:11). Saulo había comenzado a orar, y eso era prueba suficiente.

La oración era la marca distintiva del pueblo del Señor desde el día en que comenzó la separación entre ellos y el mundo. *Entonces comenzaron los hombres a invocar el nombre del SEÑOR* (Génesis 4:26).

La oración es la peculiaridad de todos los verdaderos cristianos en todo momento. Ellos oran, porque le dicen a Dios sus necesidades, sus sentimientos, sus deseos y sus temores; y quieren decir lo que dicen. El cristiano nominal puede repetir oraciones, y buenas oraciones también, pero no va más allá.

La oración es el punto de inflexión en el alma de un hombre. Nuestro ministerio es inútil, y nuestra labor es vana, hasta que se ponga de rodillas. Hasta entonces, no tendremos ninguna esperanza para el mundo.

La oración es un gran secreto de la prosperidad espiritual. Cuando hay mucha comunión privada con Dios, tu alma crecerá como la hierba después de la lluvia. Cuando hay poca, todo se detendrá, y apenas mantendrás tu alma viva. Muéstrenme un cristiano que crece, un cristiano que avanza, un cristiano fuerte, y un cristiano floreciente, y estoy seguro de que es uno que habla a menudo con su Dios. Pide mucho, y tiene mucho. Le cuenta todo a Jesús, y le pide Su guía para saber siempre cómo actuar.

La oración es el motor más poderoso que Dios ha puesto en nuestras manos. Es la mejor arma para usar en toda dificultad y el remedio más seguro en todo problema. La oración es la llave que abre el tesoro de las promesas y la mano que saca la gracia y la ayuda en tiempos de necesidad. Es la trompeta de plata que Dios nos ordena que hagamos sonar en nuestros momentos de necesidad, y es el grito que Él ha prometido atender siempre, así como una madre amorosa atiende la voz de su hijo.

La oración es el medio más sencillo que el hombre puede utilizar para acercarse a Dios. Está al alcance de todos: de los enfermos, de los ancianos, de los inválidos, de los ciegos, de los pobres y de los ignorantes. Todos pueden orar. De nada te sirve alegar falta de memoria, falta de aprendizaje, falta de libros o falta de erudición en este asunto. Mientras tengas una lengua para contar el estado de tu alma, puedes y debes orar. Esas palabras: *no tenéis, porque no pedís* (Santiago 4:2), serán una temible condena para muchos en el día del juicio.

Padres, si aman a sus hijos, hagan todo lo que esté a su alcance para educarlos en el hábito de la oración. Enséñenles cómo empezar. Díganles lo que deben decir. Anímenles a perseverar. Recuérdenles, si es que se descuidan y son flojos en la oración. No dejes que sea tu culpa si nunca invocan el nombre del Señor Jesús.

Recuerda que éste es el primer paso en la religión que un niño puede dar. Mucho antes de que sepa leer, puedes enseñarle a arrodillarse al lado de su madre y a repetir las sencillas palabras de oración y alabanza que ella pone en su boca. Y como los primeros pasos en cualquier cosa que se emprenda son siempre los más importantes, también la forma de orar de tus hijos es un punto que merece tu mayor atención.

Pocos parecen saber cuánto depende de esto. Debes tener cuidado por si adquieren el hábito de orar de manera apresurada, descuidada e irreverente. Hay que cuidarse de no dejar este deber a los empleados y a los tutores, o de confiar demasiado en los hijos cuando se les deja solos. No puedo alabar a aquella madre que nunca se ocupa ella misma de esta parte tan importante de la vida diaria de sus hijos. Seguramente, si hay algún hábito que su propia mano y ojo deben ayudar a formar, es el hábito de la oración. Créanme, si nunca oyen orar a sus hijos, tienen mucha culpa. Eres poco más sabio que el pájaro descrito en Job, *porque abandona sus huevos en la tierra, y sobre el polvo los calienta; se olvida de que algún pie los puede aplastar, o una bestia salvaje los puede pisotear. Trata a sus hijos con crueldad, como si no fueran suyos; aunque su trabajo sea en vano, le es indiferente* (Job 39:14-16).

La oración es, de todos los hábitos, el que más recordamos. Muchos hombres de cabeza gris podrían contar cómo su madre le hacía orar en los días de su infancia. Otras cosas quizás hayan desaparecido de su mente. La iglesia a la que le llevaban a adorar, el predicador al que oía, los compañeros que jugaban con él... todo esto puede haber desaparecido de su memoria y no haber dejado ninguna huella. Pero a menudo se encontrará que es muy diferente con sus primeras oraciones. A menudo será capaz de decir dónde se arrodilló y qué le enseñaron a decir, incluso cómo estaba su madre en ese momento. Ese recuerdo estará tan fresco en su mente como si fuera ayer.

Lector, si amas a tus hijos, te pido que no dejes que el tiempo pase sin sembrar la semilla de un hábito de oración, para que con el tiempo pueda mejorar. Si educas a tus hijos en algo, edúcalos en el hábito de la oración.

Enseña a tus hijos en hábitos de diligencia y asistencia regular a la iglesia.

Habla a tus hijos del deber y el privilegio de ir a la casa de Dios y unirse a las oraciones de la congregación. Diles que dondequiera que el pueblo del Señor se reúna, el Señor Jesús está presente allí de manera especial, y que los que se aparten deben esperar, como el apóstol Tomás, y quizás perderse una bendición. Háblales de la importancia de oír la Palabra predicada, que es el camino de Dios para convertir, santificar y edificar las almas de los hombres, *la fe viene del oír, y el oír, por la palabra de Cristo* (Romanos 10:17). Diles que el autor de Hebreos nos indica que *no dejemos de congregarnos, como algunos tienen por costumbre* (Hebreos 10:25), sino que debemos exhortarnos unos a otros y animarnos mutuamente, y mucho más al ver que el día se acerca.

Considero que es un espectáculo triste en una iglesia cuando nadie se acerca a la mesa del Señor, excepto los ancianos, mientras los jóvenes se alejan. Pero aún más triste es cuando no se ven niños en una iglesia, excepto los que vienen a la escuela dominical y están obligados a asistir al servicio. Que ninguna de estas culpas recaigan sobre sus puertas. En todas las iglesias hay muchos niños y niñas, además de los que vienen a la escuela; ustedes, que son sus padres y amigos, deben procurar que vengan con ustedes a la iglesia.

No permitas que crezcan con el hábito de inventar excusas triviales para no venir. Diles claramente que mientras estén bajo su techo, es la regla de su casa que todos los que gozan de buena salud honren al Señor en el Día del Señor.

Si se puede arreglar, asegúrese de que sus hijos vayan con usted a la iglesia y se sienten cerca de usted cuando estén allí. Ir a la iglesia es una cosa, pero comportarse bien en ella es otra muy distinta. Y créanme, no hay mayor seguridad para el buen comportamiento como la de tenerlos bajo su propia mirada.

Las mentes de los niños se distraen fácilmente, y su atención se pierde; hay que utilizar todos los medios posibles para contrarrestar esto. No me gusta ver a los niños venir solos a la iglesia, porque a menudo se meten en malas compañías en el camino y aprenden más maldades en el día del Señor que en todo el resto de la semana. Tampoco me gusta ver lo que yo llamo "un rincón de los jóvenes" en una iglesia. Cuando se sientan juntos, suelen coger hábitos de desatención e irreverencia, que pueden tardar años en desaprender, si es que alguna vez se desaprenden. Lo que me gusta ver es a toda una familia sentada junta, mayores y jóvenes, uno al lado del otro: hombres, mujeres y niños sirviendo a Dios con sus hogares.

Pero hay algunos que dicen que es inútil instar a

los niños a asistir a los servicios de la iglesia porque no pueden entenderlos. No quiero que escuchen tal razonamiento porque no encuentro tal doctrina en el Antiguo Testamento.

Cuando Moisés se presentó ante el Faraón (Éxodo 10:9), dijo: *Iremos con nuestros jóvenes y nuestros ancianos; con nuestros hijos y nuestras hijas… porque hemos de celebrar una fiesta solemne al SEÑOR.* Cuando Josué leyó la ley (Josué 8:35), yo observo, no hubo ni una palabra… *que Josué no leyera delante de toda la asamblea de Israel, incluyendo las mujeres, los niños y los forasteros que vivían entre ellos.* El SEÑOR le dijo a Moisés, *Tres veces al año se presentarán todos tus varones delante de Dios, el Señor, Dios de Israel.* (Éxodo 34:23).

Y cuando me dirijo al Nuevo Testamento, se menciona a los niños como participantes en las reuniones públicas y en la oración, al igual que en el Antiguo. Cuando Pablo estaba dejando a los discípulos en Tiro por última vez, la Escritura dice, *y pasados aquellos días partimos y emprendimos nuestro viaje mientras que todos ellos, con sus mujeres e hijos, nos acompañaron hasta las afueras de la ciudad. Después de arrodillarnos y orar en la playa, nos despedimos unos de otros* (Hechos 21:5).

En los días de su infancia, Samuel parece haber ministrado para Dios durante algún tiempo antes de conocerlo realmente. *Samuel no conocía aún al Señor, ni se le había revelado aún la palabra del Señor* (1 Samuel 3:7). Los propios apóstoles no parecen haber entendido todo lo que dijo nuestro Señor en el momento en que lo dijo: *Sus discípulos no entendieron esto al principio, pero después, cuando Jesús fue glorificado, entonces se acordaron de que esto se había escrito de Él* (Juan 12:16).

Padres, animen sus mentes con estos ejemplos. No se desanimen porque sus hijos no vean ahora todo el valor de los servicios de la iglesia. Sólo edúquenlos para que adquieran el hábito de asistir regularmente. Pónganlo en sus mentes como un deber elevado, santo y solemne, y probablemente llegará el día en que los bendecirán por su empeño.

Enseña a tus hijos para que adquieran el hábito de la fe.

Con esto quiero decir que debes formar a tus hijos para que crean lo que dices. Intenta que se sientan seguros de tu criterio y que respeten tus opiniones como mejores que las suyas. Debes enseñarles a comprender que cuando dices que una cosa es mala para ellos, debe ser mala, y cuando dices que es buena para ellos, debe ser buena. Aprenderán que tus conocimientos son mejores que los suyos y podrán confiar implícitamente en tu palabra. Enséñales a reconocer que lo que no saben ahora, probablemente lo sabrán más tarde, y podrán estar satisfechos de que hay una razón y una necesidad para todo lo que les pides que hagan.

¿Quién puede describir la bendición de un verdadero espíritu de fe? O más bien, ¿quién puede contar la miseria que la incredulidad ha traído al mundo? La incredulidad hizo que Eva comiera el fruto prohibido; dudó de la verdad de la palabra de Dios: *ciertamente morirás*. (Génesis 2:17). La incredulidad hizo que el viejo mundo rechazara la advertencia de Noé, por lo que perecieron en el pecado. La incredulidad mantuvo a Israel en el desierto — fue el obstáculo que les impidió entrar en la tierra prometida. La incredulidad hizo que los judíos crucificaran al Señor de la gloria — no creyeron en la voz de Moisés y los profetas, aunque se les leía todos los días.

Y la incredulidad es el pecado reinante en el corazón del hombre hasta esta misma hora — incredulidad en las promesas de Dios, incredulidad en las amenazas de Dios, incredulidad en nuestra propia pecaminosidad, incredulidad en nuestro propio peligro, e incredulidad en todo lo que va en contra del orgullo y la mundanidad de nuestros corazones malvados. El entrenamiento que puedas darles sirve de poco si no entrenas a tus hijos para que formen un hábito de fe implícita. Necesitan fe en la palabra de sus padres y confianza en que lo que sus padres dicen debe ser correcto.

Hay quien dice que no hay que exigir a los niños nada que no puedan entender, y que hay que explicarles y darles una razón para todo lo que se les pide que hagan. Les advierto muy seriamente de que no deben tener esa idea. Creo que se trata de un principio poco sólido y podrido. Sin duda, es absurdo hacer un misterio de todo lo que uno hace, y es bueno explicar muchas cosas a los niños para que vean que uno es razonable y sabio. Pero educar a tus hijos con la idea de que no deben confiar en nada, incluso con su entendimiento débil y sin desarrollar, y que se les aclare el "por qué" y el "para qué" a cada paso que den, es sin duda un error temible y probablemente tendrá el peor efecto en sus mentes.

Razona con tu hijo si en determinados momentos estás dispuesto a ello, pero si le quieres de verdad, no olvides nunca tener en cuenta que, al fin y al cabo, sólo es un niño. Piensa como un niño, entiende como un niño, y, por lo tanto, no puede esperar saber la razón de todo de una vez.

Usa el ejemplo de Isaac en el día en que Abraham lo llevó al Monte Moriah para darlo como ofrenda (Génesis 22). Le hizo a su padre esa única pregunta, *pero ¿dónde está el cordero para el holocausto?* y no obtuvo más respuesta que, *Dios proveerá para sí el cordero* (Génesis 22:7-8). A Isaac no se le dijo cómo, dónde, de qué manera o por qué medios. A Isaac no se le dijo nada de esto, pero la respuesta fue suficiente. Creyó que estaría bien, porque su padre lo dijo, y se conformó.

Diles a tus hijos que todos debemos ser aprendices en nuestra juventud, que hay un alfabeto que dominar en cada tipo de conocimiento. El mejor caballo del mundo en algún momento necesitó ser entrenado, y llegará un día en que verán la sabiduría de todo su entrenamiento. Pero mientras tanto, si dices que algo es correcto, debe ser suficiente para ellos; deben creerte y estar contentos.

Padres, si algún punto de la formación es importante, es éste. Les encargo que, por el afecto que sienten por sus hijos, utilicen todos los medios disponibles para formarles el hábito de la fe.

Enseña a tus hijos a desarrollar el hábito de la obediencia.

Para alcanzar este objetivo, vale la pena cualquier trabajo que se requiera. Sospecho que ningún hábito tiene tanta influencia en nuestras vidas como éste. Padres, determinen que sus hijos les obedezcan, aunque les cueste muchos problemas y les cueste muchas lágrimas. Que no haya cuestionamientos, razonamientos, disputas, demoras o réplicas. Cuando les den una instrucción, háganles ver claramente que esperan que la cumplan.

La obediencia es la única realidad. Es la fe visible, la fe actuante y la fe personificada. Es la prueba del verdadero discipulado entre el pueblo del Señor. *Vosotros sois mis amigos si hacéis lo que yo os mando* (Juan 15:14). Debería ser la marca de los niños bien educados: que hacen todo lo que sus padres les instruyen. ¿Dónde está el honor que presenta el quinto mandamiento, si los padres y las madres no son obedecidos alegremente, de buena gana e inmediatamente?

La obediencia temprana tiene toda la Escritura de su lado. Alabando a Abraham, el Señor reconoció que no se limitó a formar a su familia, sino que *manda a sus hijos y a su casa después de él* (Génesis 18:19). Se dice del Señor Jesucristo que cuando era joven, estaba *sujeto a ellos,* a sus padres María y José (Lucas 2:51). Observa cómo José obedeció completamente la orden de su padre, Jacob (Génesis 37:13). Vea cómo Isaías habló de esto como algo malo, cuando *el joven se alzará contra el anciano* (Isaías 3:5).

Mira cómo el apóstol Pablo nombra la desobediencia

a los padres como una de las malas señales de los últimos días (2 Timoteo 3:2). Él destaca esta característica de requerir obediencia como una que debe adornar a un ministro cristiano: que *gobierne bien su casa, teniendo a sus hijos sujetos con toda dignidad.* Y de nuevo, *que los diáconos... gobiernen a bien sus hijos y sus propias casas* (1 Timoteo 3:4, 12). Además, un anciano debe ser uno *que tenga hijos creyentes, no acusados de disolución ni de rebeldía* (Tito 1:6).

Padres, ¿quieren ver a sus hijos felices? Tengan cuidado, entonces, de entrenarlos para que obedezcan cuando se les habla y hagan lo que se les ordena. Créanme, no estamos hechos para una independencia total; no somos aptos para ella. Incluso los hombres libres en Cristo tienen que llevar un yugo, *es a Cristo el Señor a quien servís* (Colosenses 3:24). Los niños no pueden aprender demasiado pronto que este es un mundo en el que no todos estamos destinados a gobernar, y que nunca estamos en nuestro lugar correcto hasta que sabemos cómo obedecer a nuestras autoridades. Enséñenles a obedecer mientras son jóvenes, o estarán toda su vida luchando contra Dios y se desgastarán con la vana idea de ser independientes de Su control.

Este consejo es muy necesario. Verán a muchos en estos días que permiten que sus hijos elijan y piensen por sí mismos mucho antes de que sean capaces; los padres incluso se excusan por su desobediencia, como si fuera una cosa que no se les puede reprochar. A mis ojos, un padre que siempre cede y un hijo que siempre se sale con la suya son una visión muy dolorosa; dolorosa porque veo el orden de las cosas señalado por Dios invertido y puesto al revés; dolorosa porque estoy seguro de que al final, la consecuencia para el carácter de ese hijo será la voluntad propia, el orgullo y la autosuficiencia. No es de extrañar que los hombres se nieguen a obedecer a su Padre que está en el cielo, si les permites desobedecer a su padre que está en la tierra mientras son niños.

Padres, si aman a sus hijos, que la obediencia sea un lema y una consigna continuamente ante sus ojos.

Enseña a tus hijos a decir siempre la verdad.

Decir la verdad es mucho menos común en el mundo de lo que nos inclinamos a pensar. "Toda la verdad y nada más que la verdad" es una regla de oro que muchos deberían tener en cuenta. La mentira y la tergiversación son pecados antiguos. El diablo fue el padre de ellos; engañó a Eva con una atrevida mentira. Desde la caída, la mentira es un pecado del que todos los hijos de Eva deben estar en guardia.

¡Piensa en cuánta falsedad y engaño hay en el mundo! ¡Cuánta exageración! ¡Cuántos añadidos se hacen a una simple historia! ¡Cuántas cosas se omiten, si no sirve al interés del orador contarlas! ¡Cuán pocos son los que confían sin vacilar en la palabra dada! Sin duda, los antiguos persas eran sabios en su generación. Un punto importante en la educación de sus hijos era que aprendieran a decir la verdad. ¡Qué prueba tan terrible de la pecaminosidad natural del hombre es que sea necesario nombrar ese punto!

Te sugiero que revises la frecuencia con la que se habla de Dios en el Antiguo Testamento como el Dios de la verdad. La verdad parece ser especialmente presentada ante nosotros como una característica prominente en el carácter de Aquel de quien aprendemos. Dios nunca se desvía de la línea recta. Aborrece la mentira y la hipocresía. Traten de mantener esto continuamente en la mente de sus hijos. Insístanles en todo momento en que todo lo que no sea la verdad es una mentira; que la evasión, la excusa y la exageración son todos caminos hacia lo que es falso y deben evitarse. Anímenlos, en cualquier circunstancia, a ser sinceros y, cueste lo que cueste, a decir la verdad.

Insisto en este tema, no sólo por el bien del carácter de tus hijos en el mundo, aunque podría insistir mucho en esto, sino que insisto más bien para tu propio consuelo y ayuda en todos tus tratos con ellos también. Encontrarás que es de gran ayuda el poder confiar siempre en la palabra dada. Esto evitará en gran medida el hábito del secreto, que a veces prevalece tan infelizmente entre los niños. La franqueza y la sinceridad dependen mucho del trato que los padres den a este asunto en los días de nuestra infancia.

Enseña a tus hijos a aprovechar el tiempo.

La ociosidad es la mejor amiga del diablo. Es la manera más segura de darle la oportunidad de hacernos daño. Una mente ociosa es como una puerta abierta, y si Satanás no entra, es seguro que arrojará algo para suscitar malos pensamientos en nuestras mentes.

Ningún ser creado está destinado a estar ocioso. El servicio y el trabajo son la parte asignada a cada criatura de Dios. Los ángeles en el cielo trabajan, porque son los siervos del Señor, siempre haciendo Su voluntad. Adán tuvo trabajo en el Paraíso; fue designado para arreglar el jardín del Edén y cuidarlo. Los santos redimidos en la gloria tendrán trabajo; *y día y noche no cesaran*, cantando alabanzas y gloria a quien los ha comprado (Apocalipsis 4:8). Y el hombre — el hombre débil y pecador — debe tener algo que hacer, o su alma pronto entrará en un estado perturbado. Debemos tener nuestras manos llenas y nuestras mentes ocupadas con algo, o nuestra imaginación pronto fermentará y engendrará maldad.

Y lo que es cierto para nosotros, también lo es para nuestros hijos. ¡Ay, en verdad, del hombre que no tiene nada que hacer! Los judíos pensaban que la ociosidad era un pecado; una de sus leyes era que todo hombre debía educar a su hijo en algún oficio útil, y tenían razón. Conocían el corazón del hombre mejor de lo que parece que lo conocemos algunos de nosotros.

La ociosidad hizo de Sodoma lo que era. *Esta fue la iniquidad de tu hermana Sodoma: arrogancia, abundancia de pan y completa ociosidad tuvieron ella y sus hijas* (Ezequiel 16:49). La ociosidad tuvo mucho que ver con el terrible pecado de David con la esposa de Urías. Veo en 2 Samuel 11:1 que Joab salió a la guerra contra Amón, *pero David permaneció en Jerusalén*. ¿No era eso ociosidad? Y así estaba cuando vio a Betsabé, y lo siguiente que leemos es su tremenda y miserable caída.

En verdad, creo que la ociosidad ha llevado a las

personas a más pecados que casi cualquier otro hábito que se pueda nombrar. Sospecho que es la madre de muchas obras de la carne: la madre del adulterio, la fornicación, la embriaguez y muchas otras obras de las tinieblas. Que tu propia conciencia diga si no digo la verdad. Estabas ocioso, y al instante, el diablo llamó a la puerta y entró.

En efecto, no me extraña; todo en el mundo que nos rodea parece enseñar la misma lección. El agua quieta se estanca y se vuelve impura; los arroyos que corren y se mueven son siempre claros. Si tienes una máquina de vapor, debes hacerla funcionar, o pronto se estropeará. Si tienes un caballo, debes ejercitarlo; nunca está tan bien como cuando tiene entrenamientos regulares. Si quieres tener una buena salud corporal, debes hacer ejercicio. Si siempre te quedas sentado, tu cuerpo se quejará. Y lo mismo ocurre con el alma. La mente activa y en movimiento es un blanco difícil de disparar para el diablo. Trata de estar siempre ocupado en algún trabajo útil, y a tu enemigo le resultará difícil encontrar espacio para sembrar cizaña.

Lector, te pido que presentes estas cosas a las mentes de tus hijos. Enséñales el valor del tiempo, y trata de ayudarles a aprender el hábito de utilizarlo bien. Me duele ver a los niños ociosos sobre lo que ya han logrado, sea lo que sea. Me encanta verlos activos y laboriosos, entregando todo su corazón a todo lo que hacen, entregando todo su corazón a las lecciones cuando necesitan aprender, e incluso entregando todo su corazón a sus diversiones cuando van a jugar.

Por eso, si los amas, que la ociosidad sea considerada un pecado en tu familia.

Instruye a tus hijos, y ten cuidado con los excesos.

Este es el único punto en el que debes estar en guardia. Es natural ser tierno y afectuoso con tu propia carne y sangre, pero es el exceso de esta misma ternura y afecto lo que tienes que temer. Presta atención para que no te haga ciego a los defectos de tus hijos y sordo a los consejos sobre ellos. Ten cuidado para no pasar por alto la mala conducta para evitar el dolor de infligir el castigo y la corrección.

Sé que el castigo y la corrección son cosas desagradables. No hay nada más desagradable que causar dolor a los que amamos y hacerles llorar. Pero mientras los corazones sean lo que son, es inútil suponer que los niños puedan ser educados sin corrección.

Malcriar es una palabra muy expresiva y tristemente llena de significado. La forma más fácil de malcriar a los niños es dejar que se salgan con la suya siempre y permitirles que hagan cosas malas sin ser castigados por ello. Créeme, no debes malcriarlos. El dolor que pueda costarte corregirlos vale la pena, a menos que desees arruinar las almas de tus hijos.

No puedes decir que la Escritura no habla de este tema. Él que escatima la vara odia a su hijo, *más el que lo ama lo disciplina con diligencia* (Proverbios 13:24). *Corrige a tu hijo mientras hay esperanza, pero no desee tu alma causarle la muerte* (Proverbios 19:18). *La necedad está ligada al corazón del niño; la vara de la disciplina la alejará de él* (Proverbios 22:15). *No escatimes la disciplina del niño; aunque lo castigues con vara, no morirá. Lo castigarás con vara, y librarás su alma del Seol* (Proverbios 23:13-14). *La vara y la reprensión dan sabiduría, pero el niño consentido avergüenza a su madre. Corrige a tu hijo y te dará descanso, y dará alegría a tu alma* (Proverbios 29:15, 17).

¡Qué fuertes y contundentes son estos textos! Qué patético es el hecho de que en muchas familias cristianas parecen casi desconocidos. Sus hijos necesitan reprensión, pero casi nunca se les da; necesitan corrección, pero casi nunca se emplea. Y sin embargo, este libro de Proverbios no es obsoleto ni tampoco inadecuado para los cristianos. Es dado por inspiración de Dios y es provechoso. Es dado para nuestro aprendizaje, así como las epístolas a los Romanos y a los Efesios son para nuestro aprendizaje. Ciertamente, el creyente que educa a sus hijos sin prestar atención a los consejos del libro de Proverbios, se declara sabio por encima de lo que está escrito y se equivoca enormemente.

Padres y madres, les digo claramente, si nunca castigan a sus hijos cuando cometen una falta, les están haciendo un grave daño. Les advierto que ésta es la piedra en la que los santos de Dios han tropezado con demasiada frecuencia en todas las épocas. Me gustaría persuadirte de que seas sabio a tiempo y te mantengas alejado de este error. Miren el caso de Elí. Sus hijos, Ofni y Finees, *trajeron sobre sí una maldición, y él no los reprendió* (1 Samuel 3:13). No les dio más que una reprimenda insulsa y tibia, cuando debería haberlos reprendido duramente. En una palabra, honró a sus hijos por encima de Dios. ¿Y cuál fue el final de estas cosas? Vivió para oír la muerte de sus dos hijos en la batalla, y sus propias canas bajaron con dolor a la tumba (1 Samuel 2:22-25, 32-34; 3:16-18).

Fíjate también en el caso de David. ¿Quién puede leer la historia de sus hijos y sus pecados sin sentir dolor? El incesto de Amnón, el asesinato y la rebelión orgullosa de Absalón, y la ambición intrigante de Adonías, fueron heridas graves que aquel hombre según el corazón de Dios recibió de su propia casa. ¿Pero no hubo culpa de su parte? Me temo que no hay duda de que la hubo. Encuentro un indicio de ello en el relato de Adonías en 1 Reyes 1:6: *Su padre nunca lo había contrariado preguntándole: ¿Por qué has hecho esto?"* Esa fue la base de toda la maldad. David fue un padre demasiado indulgente, un padre que dejó que sus hijos se salieran con la suya, y cosechó según lo que había sembrado.

Padres, les ruego, por el bien de sus hijos, que tengan cuidado con la excesiva indulgencia. Les pido que recuerden que su primer deber es cuidar y atender sus verdaderos intereses y no sus caprichos y gustos. Su deber es formarles, no complacerles; educarles para que sean mejores, no sólo complacer.

No debes ceder a todos los deseos y caprichos de la mente de tu hijo, por mucho que lo quieras. No debes dejar que suponga que su voluntad lo es todo, y que sólo tiene que desear una cosa y eso se hará. No hagas de tus hijos ídolos, para que Dios te los quite y rompa tu ídolo para convencerte de tu locura.

Aprende a decir no a tus hijos. Demuéstrales que eres capaz de rechazar lo que crees que no es adecuado para ellos. Demuéstrales que estás dispuesto a castigar la desobediencia, y que cuando hablas de castigo, no sólo estás dispuesto a amenazar, sino también a cumplir. No amenaces demasiado.[5] Las personas amenazadas y las faltas amenazadas viven mucho tiempo. Castiga rara vez, pero castiga en serio; el castigo frecuente y leve es un sistema realmente miserable.[6]

Cuidado con dejar pasar desapercibidas las pequeñas faltas con la idea de que es poca cosa. No hay pequeñeces en la formación de los niños; todas son importantes. Las pequeñas hierbas necesitan ser arrancadas tanto como cualquier otra. Déjenlas tranquilas y pronto serán grandes.

Lector, si hay algún punto que merece tu atención, es éste. Es uno que te dará problemas, lo sé, pero si no te tomas la molestia con tus hijos cuando son jóvenes, ellos te darán problemas cuando sean viejos. Elige lo que prefieras.

---

[5] Algunos padres y tutores tienen la costumbre de decir: "Niño travieso" a un niño o niña en cualquier ocasión, y a menudo sin motivo. Es una costumbre muy tonta. Las palabras de reproche no deben usarse nunca sin una verdadera razón.

[6] En cuanto a la mejor manera de castigar a un niño, no se puede establecer ninguna regla general. Los caracteres de los niños son tan diferentes que lo que sería un castigo severo para un niño no sería ningún castigo para otro. Sólo me permito expresar mi decidida protesta contra la noción moderna de que ningún niño debe ser azotado. Sin duda, algunos padres utilizan la corrección corporal en exceso y con demasiada violencia, pero muchos otros, me temo, la utilizan demasiado poco

Instruye a tus hijos como Dios instruye a sus hijos.

La Biblia nos dice que Dios tiene un pueblo elegido, una familia en este mundo. Todos los pobres pecadores que se han convencido de su pecado y han acudido a Jesús en busca de paz forman esa familia. Todos los que realmente creemos en Cristo para la salvación somos miembros de esa familia.

Ahora bien, Dios Padre está siempre entrenando a los miembros de esta familia para su hogar eterno con Él en el cielo. Actúa como un labrador que poda sus plantas para que den más fruto. Él conoce el carácter de cada uno de nosotros: nuestros pecados problemáticos, nuestras debilidades, nuestras dolencias peculiares y nuestras necesidades especiales. Conoce nuestras obras, dónde habitamos, quiénes son nuestros compañeros de vida y cuáles son nuestras pruebas. Sabe de nuestras tentaciones y privilegios. Él conoce todas estas cosas y las ordena siempre para nuestro bien. Él nos asigna a cada uno, en su providencia, las mismas cosas que necesitamos para dar el mayor fruto: tanto sol y lluvia como podamos soportar, y tantas cosas amargas como podamos soportar, así como las dulces. Lector, si quieres formar a tus hijos con sabiduría, toma nota de cómo Dios Padre forma a los suyos. Él lo hace todo bien; el plan que adopta debe ser correcto.

Vean, entonces, cuántas cosas hay que Dios retiene de sus hijos. Se pueden encontrar pocas personas que no hayan tenido deseos que Dios no se haya complacido en cumplir. A menudo ha habido algo que querían tener, pero alguna barrera les ha impedido conseguirlo. Ha sido como si Dios lo pusiera fuera de su alcance y dijera: "Esto no es bueno para ti; esto no debe ser". Moisés deseaba con todas sus fuerzas cruzar el Jordán y ver la buena tierra prometida, pero su deseo nunca fue concedido.

A menudo Dios guía a su pueblo por caminos que parecen oscuros y misteriosos a nuestros ojos. No podemos ver el propósito de todos sus tratos con nosotros; no podemos ver lo razonable del camino que pisan nuestros pies. A veces nos han asaltado tantas pruebas y nos han rodeado tantas dificultades que no hemos podido descubrir la razón de todo ello. Ha parecido como si nuestro Padre nos llevara de la mano a un lugar oscuro y nos dijera: "No hagas preguntas, sino sígueme". Había un camino directo de Egipto a Canaán, pero Israel no fue conducido por este camino a la tierra prometida, sino a través del desierto. Y esto parecía difícil en ese momento. *El pueblo,* se nos dice que *se impacientó por causa del viaje.* (Números 21:4).

Vean con qué frecuencia Dios castiga a su pueblo con pruebas y aflicciones. Les envía cruces y desilusiones; los abate con la enfermedad; los despoja de sus bienes y amigos; los cambia de una posición a otra; los visita con las cosas más duras para la carne y la sangre, y algunos de nosotros casi nos hemos desmayado bajo las cargas que nos han impuesto. Nos hemos sentido presionados más allá de nuestras fuerzas y hemos estado casi dispuestos a murmurar ante la mano que nos castigaba. El apóstol Pablo tenía una espina en la carne, sin duda una amarga prueba corporal, aunque no sabemos exactamente qué era. Pero lo que sí sabemos es que tres veces suplicó al Señor que se lo quitara, pero Él no se lo quitó (2 Corintios 12:8-9).

A pesar de todas estas cosas, ¿has oído alguna vez de un solo hijo de Dios que pensara que su Padre no lo trataba con sabiduría? No, estoy seguro de que nunca lo hicieron. Los hijos de Dios siempre te dirían que, a la larga, fue de bendición que no se salieran con la suya, y que Dios había hecho por ellos algo mucho mejor de lo que ellos mismos podrían haber hecho. Sí. Y podrían decirte también que los tratos de Dios les habían proporcionado más felicidad de la que habrían obtenido por sí mismos, y que Su camino, por muy oscuro que fuera a veces, era el camino de lo agradable y el camino de la paz.

Te pido que aceptes la lección que el trato de Dios con su pueblo está destinada a enseñarte. No temas negarle a tu hijo nada que creas que le hará daño, sean cuales sean sus propios deseos. Este es el plan de Dios.

No vaciles en dirigirlo con instrucciones para guiarlo por caminos que tal vez ahora no parezcan razonables a su mente o de los que en el momento no puedan ver la sabiduría. Este es el plan de Dios.

No te abstengas de castigarlo y corregirlo cuando veas que la salud de su alma lo requiere, por muy doloroso que sea para tus sentimientos. Recuerda que las medicinas para la mente no deben ser rechazadas porque sean amargas. Este es el plan de Dios.

Y, sobre todo, no temas que tal plan de formación haga infeliz a tu hijo. Te advierto contra este engaño. No hay camino más seguro hacia la infelicidad que salirse siempre con la suya. Que nuestra voluntad sea controlada y negada es una bendición para nosotros; nos hace valorar los placeres cuando llegan. Que nos complazcan siempre es la manera de llegar a ser egoístas, y las personas egoístas y los niños mimados rara vez son felices.

Lector, no seas más sabio que Dios; educa a tus hijos como Él educa a los suyos.

Enseña a tus hijos con la influencia de tu propio ejemplo.

Las instrucciones, los consejos y las indicaciones servirán de poco si no están respaldados por el modelo de tu propia vida. Tus hijos nunca creerán que vas en serio cuando realmente quieres que te obedezcan, mientras tus acciones contradigan tus consejos. El arzobispo Tillotson hizo una sabia observación cuando dijo: "Dar a los niños una buena instrucción y un mal ejemplo es hacerles señas con la cabeza para mostrarles el camino del cielo, mientras los tomamos de la mano y los llevamos por el camino del infierno".

Conocemos poco la fuerza y el poder del ejemplo. Ninguno de nosotros puede vivir para sí mismo en este mundo; siempre estamos influyendo en los que nos rodean de una manera u otra, ya sea para el bien o para el mal, ya sea para Dios o para el pecado. Nuestros hijos ven nuestros caminos, marcan nuestra conducta, observan nuestro comportamiento, y luego practican lo que ven. Pueden suponer con razón que pensamos bien. Y nunca el ejemplo impresiona tan poderosamente como en el caso de los padres hacia los hijos.

Padres y madres, no olviden que los niños aprenden más por el ojo que por el oído. Ninguna escuela hará impresiones tan profundas en el carácter como el hogar. Los mejores maestros de escuela no imprimirán en sus mentes tanto como lo que recogerán junto a su chimenea. La imitación es un principio mucho más fuerte con los niños que la memoria. Lo que ven tiene un efecto mucho más fuerte en sus mentes que lo que se les dice.

Ten cuidado, pues, con lo que haces delante de un niño. Es un proverbio verdadero: "Quien peca ante un niño, peca doblemente". Procuren, más bien, ser una epístola viva de Cristo que sus familias puedan leer, y leer con claridad también. Sean un ejemplo de reverencia por la Palabra de Dios, de reverencia en la oración y de reverencia por el Día del Señor. Sean ejemplo de palabras, de temple, de diligencia, de templanza, de fe, de caridad, de bondad y de humildad. No pienses que tus hijos practicarán lo que no te ven hacer. Tú eres su imagen modelo, y ellos copiarán lo que tú eres. Puede que no entiendan tus razonamientos y tus sermones, tus sabias instrucciones y tus buenos consejos, pero pueden entender tu vida.

Los hijos son observadores muy rápidos: son muy rápidos para ver algunos tipos de hipocresía, muy rápidos en descubrir lo que realmente piensas y sientes, y muy rápidos en adoptar todas tus maneras y opiniones. A menudo descubrirás que como es el padre, es el hijo.

Recuerda la palabra que el conquistador César

decía siempre a sus soldados en una batalla. No decía: *"Avanzad"*, sino *"Venid"*. Así debe ser con ustedes en la formación de sus hijos. Rara vez aprenderán hábitos que vean que ustedes desprecian, o caminarán por senderos que ustedes mismos no recorren. El que predica a sus hijos lo que no practica, está haciendo una obra que nunca avanza. Es como la fabulosa red de Penélope de antaño, que tejía todo el día y la destejía toda la noche. Aun así, los padres que tratan de formar sin dar buen ejemplo están construyendo con una mano y derribando con la otra.

Enséñales a darse cuenta del poder del pecado.

Nombro esto con el fin de protegerlos contra las expectativas no bíblicas.

No deben esperar que las mentes de sus hijos sean una hoja de papel blanco y puro que no van a tener ningún problema si tan sólo usan los medios correctos. Les advierto claramente que no encontrarán tal cosa. Es doloroso ver cuánta corrupción y maldad hay en el corazón de un niño pequeño y cuán pronto ésta comienza a dar frutos. Debes estar preparado para ver temperamentos violentos, voluntad fuerte, orgullo, envidia, terquedad, pasión, ociosidad, egoísmo, engaño, astucia, falsedad o hipocresía. Incluso en tu propia carne y sangre, se hace evidente una terrible aptitud para aprender lo que es malo, una dolorosa lentitud para aprender lo que es bueno, y una disposición a fingir cualquier cosa con tal de obtener tus propios fines. Estos pecados se manifiestan a una edad muy temprana; es casi sorprendente observar la naturalidad con que surgen. Los niños no necesitan ninguna escuela para aprender a pecar.

Pero no debes desanimarte ni abatirte por lo que ves. No debes pensar que es algo extraño e inusual que los pequeños corazones puedan estar tan llenos de pecado. Es la única herencia que nos dejó nuestro padre Adán; es esa naturaleza caída con la que venimos al mundo; es esa herencia que nos pertenece a todos. Debes tratar que esto te haga más diligente en el uso de todos los medios que parezcan más probables, por la bendición de Dios, para contrarrestar el mal. Que les haga ser más y más cuidadosos, en la medida de sus posibilidades, para mantener a sus hijos fuera del camino de la tentación.

Nunca escuches a aquellos que te dicen que tus hijos son buenos, están bien formados y son de fiar. Piensa más bien que sus corazones son siempre inflamables como la pólvora. En el mejor de los casos, sólo necesitan una chispa para encender sus corrupciones. Los padres nunca son demasiado precavidos. Recuerden la depravación natural de sus hijos y tengan cuidado.

Enseña a tus hijos para que conozcan las promesas de la Escritura.

Nombro esto también para protegerte del desánimo. Tienes una clara promesa de tu parte: *Enseña al niño el camino en que debe andar, y aun cuando sea viejo no se apartará de él* (Proverbios 22:6). Piensa en lo que significa tener una promesa como ésta. Las promesas eran la única lámpara de esperanza que alegraba los corazones de los patriarcas antes de que se escribiera la Biblia. Enoc, Noé, Abraham, Isaac, Jacob y José vivían de unas pocas promesas y prosperaban en sus almas. Las promesas son los fundamentos que han sostenido y fortalecido al creyente en todas las épocas. Aquel que tiene un texto claro a su lado no tiene por qué sentirse abatido. Padres y madres, cuando sus corazones estén fallando y a punto de detenerse, miren la palabra de este texto y consuélense.

Piensen en quién es el que promete. No es la palabra de un hombre, que puede mentir o arrepentirse; es la Palabra del Rey de Reyes, que nunca cambia. ¿Ha dicho algo, y no lo hará? ¿O ha hablado, y no lo hará? Tampoco hay nada que sea demasiado difícil de realizar para Él. Las cosas que son imposibles para los hombres son posibles para Dios. Si no obtenemos el beneficio de la promesa en la que nos detenemos, la culpa no está en Él, sino en nosotros mismos.

Piensa también en lo que contiene la promesa, antes de negarte a tomar consuelo de ella. Habla de un tiempo determinado en el que la buena formación dará sus frutos: cuando el niño sea mayor. Ciertamente, hay consuelo en esto. Puede que no veas con tus propios ojos el resultado de una formación cuidadosa, pero no sabes qué frutos benditos brotarán de ella mucho después de que tú hayas muerto y te hayas ido. No es la manera de Dios de dar todo a la vez. "Más adelante" es el tiempo en el que Él a menudo elige trabajar, tanto en las cosas de la naturaleza como en las de la gracia.

"Más adelante" es la época en que la aflicción lleva *fruto apacible de justicia* (Hebreos 12:11). "Más adelante" fue el momento en que el hijo que se negó a trabajar en la viña de su padre se arrepintió y se fue y trabajó (Mateo 21:29). Y " más adelante" es el tiempo que los padres deben esperar si no ven el éxito de inmediato. Hay que sembrar con esperanza y plantar con esperanza

Echa tu pan sobre las aguas, que después de muchos días lo hallarás (Eclesiastés 11:1). Muchos hijos que nunca dieron señales de aprovechar la vida de sus padres se levantarán en el día del juicio y bendecirán a esos padres por su buena formación. Avancen, pues, con fe y estén seguros de que su labor no será del todo inútil. Tres veces se tendió Elías sobre el niño de la viuda antes de que reviviera. Toma tu ejemplo de él y persevera.

Enséñales siempre con una oración continua para que todo lo que hagan sea bendecido.

Sin la bendición del Señor, tus mejores esfuerzos no servirán de nada. Él tiene los corazones de todos los hombres en sus manos, y a menos que toque los corazones de tus hijos por su Espíritu, te cansarás de nada. Por lo tanto, riega la semilla que siembras en sus mentes con una oración incesante. El Señor está mucho más dispuesto a escuchar que nosotros a orar; mucho más dispuesto a dar bendiciones que nosotros a pedirlas, pero le encanta que se le ruegue por ellas. Y pongo este asunto de la oración ante ustedes como la piedra angular y el sello de todo lo que hacen. Sospecho que el hijo de muchas oraciones rara vez es desechado.

Mira a tus hijos como Jacob lo hizo con los suyos; le dijo a Esaú *estos son los hijos que Dios en su misericordia ha concedido a tu siervo* (Génesis 33:5). Míralos como lo hizo José con los suyos; le dijo a su padre, *ellos son mis hijos, los que Dios me ha dado* (Génesis 48:9). Considéralos con el salmista como una herencia y una recompensa del Señor (Salmo 127:3). Y luego pídele al Señor, con una santa audacia, que sea clemente y misericordioso con sus propios dones. Observa cómo Abraham intercedió por Ismael porque lo amaba: ¡Ojalá que Ismael viva delante de ti! (Génesis 17:18). Mira cómo Manoa le habló al ángel sobre Sansón: ¿cómo debe ser el modo de vivir del muchacho y cuál su vocación? (Jueces 13:12) Observen con qué ternura cuidaba Job las almas de sus hijos: Él *ofrecía holocaustos conforme al número de todos ellos. Porque Job decía: Quizá mis hijos hayan pecado y maldecido a Dios en sus corazones. Así hacía Job siempre* (Job 1:5). Padres, si aman a sus hijos, vayan y hagan lo mismo. No pueden mencionar sus nombres ante el propiciatorio con demasiada frecuencia.

Y ahora, en conclusión, permítanme insistir una vez más en la necesidad e importancia de utilizar todos los medios a su alcance si quieren formar a los niños para el cielo.

Sé que Dios es un Dios soberano, y que hace todas las cosas según el consejo de su propia voluntad. Sé que Roboam era hijo de Salomón, y Manasés hijo de Ezequías, y que no siempre se ve que los padres piadosos tengan una descendencia piadosa. Pero también sé que Dios es un Dios que obra por gracia, y estoy seguro de que, si ustedes le restan importancia a la formación que he mencionado, es muy poco probable que sus hijos salgan bien.

Padres y madres, pueden enviar a sus hijos a las mejores escuelas, darles Biblias y libros de oración, y llenarlos de conocimiento de la cabeza, pero si en todo este tiempo no hay enseñanza regular en el hogar, me temo que al final les irá mal con las almas de sus hijos. El hogar es el lugar donde se forman los hábitos; el hogar es el lugar donde se ponen los cimientos del carácter; y el hogar da la inclinación a nuestros gustos y aficiones y opiniones. Asegúrate, pues, de que haya una cuidadosa formación en el hogar. Feliz es el hombre que puede decir a sus hijos, como lo hizo Bolton en su lecho de muerte: "Creo que ninguno de ustedes se atreverá a encontrarse conmigo ante el tribunal de Cristo en un estado no regenerado."

Padres y madres, los exhorto solemnemente ante Dios y el Señor Jesucristo a que pongan todo su empeño en educar a sus hijos en el camino que deben seguir. Se los pido no sólo por el bien de las almas de sus hijos, sino también por el bien de su propia comodidad y paz futuras. En verdad, les conviene hacerlo. En verdad, su propia felicidad depende en gran medida de ello. Los hijos siempre han sido el arco desde el que las flechas más afiladas han atravesado el corazón del hombre. Los hijos han mezclado las copas más amargas que el hombre ha tenido que beber. Los hijos han provocado las lágrimas más tristes que el hombre haya tenido que derramar. Adán podría decírtelo; Jacob podría decírtelo; David podría decírtelo. No hay penas en la tierra como las que los hijos han traído a sus padres. Oh, presta atención, para que tu propia negligencia no te traiga miseria en tu vejez. Presta atención, para que no llores bajo los malos tratos de un hijo ingrato en los días en que tu ojo se oscurece y tu fuerza natural se debilita.

Si alguna vez deseas que tus hijos sean los restauradores de tu vida y los que nutran tu vejez; si quieres que sean bendiciones y no maldiciones, alegrías y no penas, como Judá y no como Rubén, como Rut y no como Orfa, recuérdate que debes formarlos. Si no quieres avergonzarte de sus actos como Noé, o cansarte de tu vida por ellos como Rebeca, recuerda mi consejo y edúcalos de forma correcta mientras son pequeños.

Y en cuanto a mí, concluiré elevando mi oración a Dios por todos los que lean este consejo, para que todos sean enseñados por Dios a sentir el valor de sus propias almas. Esta es una de las razones por las que el bautismo es con demasiada frecuencia una mera forma y la formación cristiana se desprecia y no se tiene en cuenta. Con demasiada frecuencia los padres no sienten por sí mismos, por lo que no sienten por sus hijos. No se dan cuenta de la tremenda diferencia entre un estado de naturaleza y un estado de gracia, y por lo tanto, se contentan con dejar solos a sus hijos.

Ahora, que el Señor les enseñe que el pecado es esa cosa abominable que Dios odia. Entonces, sé que se lamentarán por los pecados de sus hijos y se esforzarán por arrancarlos como tizones del fuego.

Que el Señor les enseñe a todos ustedes cuán precioso es Cristo y qué obra poderosa y completa ha hecho para nuestra salvación. Entonces, confío en que utilizarán todos los medios para llevar a sus hijos a Jesús para que puedan vivir a través de Él. Que el Señor les muestre todo lo que necesitan del Espíritu Santo, para renovar, santificar y vivificar sus almas. Entonces estoy seguro de que instarás a tus hijos a orar sin cesar y a no descansar hasta que Él entre en sus corazones con poder y los haga nuevas criaturas.

Que el Señor les conceda esto, y entonces tengo la esperanza de que, en efecto, formarán bien a sus hijos: enséñenles bien para esta vida, y fórmense bien para la vida futura; enséñenles bien para la tierra, y fórmense bien para el cielo; fórmense para Dios, para Cristo y para la eternidad.

J. C. Ryle - Una breve Biografía

John Charles Ryle nació el 10 de mayo de 1816 en el seno de una familia rica, acomodada y parte de la élite social, siendo el primogénito de John Charles, banquero, y su esposa Susanna (Wirksworth) Ryle. Como primogénito, John llevaba una vida privilegiada y estaba destinado a heredar todo el patrimonio de su padre y a hacer carrera en el Parlamento. Su futuro prometía ser planificado y cómodo, sin necesidades materiales.

J. C. Ryle asistió a una escuela privada y luego obtuvo becas académicas para Eton (1828) y la Universidad de

Oxford (1834), pero también destacó en los deportes. Destacó especialmente en el remo y el cricket. Aunque su dedicación a los deportes duró poco, Ryle afirmó que le dieron dotes de liderazgo. "Me dieron poder de mando, de gestión, de organización y de dirección, de ver las capacidades de los hombres y de utilizar a cada uno en el puesto para el que era más adecuado, de soportar y de ser tolerante, de mantener a los hombres a mi alrededor de buen humor, son cualidades que he encontrado de infinita utilidad en muchas ocasiones en la vida, aunque en asuntos muy diferentes".

En 1837, antes de graduarse, Ryle contrajo una grave infección en el pecho, que le hizo recurrir a la Biblia y a la oración por primera vez en más de catorce años. Un domingo entró en la iglesia a última hora mientras se leía Efesios 2:8, lentamente, frase a frase. John sintió que el Señor le hablaba personalmente, y afirma haberse convertido en ese momento a través de la Palabra sin ningún comentario o sermón.

En su biografía está escrito: "Quedó convencido, se convirtió, y desde ese momento hasta la última sílaba registrada de esta vida, no hubo duda alguna en la mente de John de que la Palabra de Dios era viva y poderosa, más afilada que cualquier espada de dos filos".

Después de graduarse en Oxford, John fue a Londres a estudiar derecho para su carrera política, pero en 1841, el banco de su padre quebró. Ese fue el fin de la carrera política, ya que no tenía financiamiento para continuar.

En años posteriores, John escribiría: "Nos levantamos una mañana de verano con todo el mundo por delante, como siempre, y nos fuimos a la cama esa misma noche total y completamente arruinados". Las consecuencias inmediatas fueron amargas y dolorosas en extremo, y humillantes en grado sumo".

Y en otro momento, dijo: "El hecho es que no hubo nadie de la familia a quien le afectara más que a mí. Mi padre y mi madre ya no eran jóvenes y estaban ya en la etapa final de adultos de la vida; mis hermanos y hermanas, por supuesto, nunca esperaron vivir en Henbury (la casa familiar) y, naturalmente, nunca pensaron en ese lugar como su casa después de cierto tiempo. Yo, por el contrario, como hijo mayor, de veinticinco años, con todo el mundo por delante, lo perdí todo, y vi todo el futuro de mi vida puesto patas arriba y sumido en la confusión."

Después de pasar de la abundancia a la ruina financiera, Ryle pasó a ser un hombre común, todo en un día. Por primera vez en su vida, necesitaba un trabajo. Su educación le capacitaba para el clero, así que con su título de Oxford, fue ordenado pastor y entró en el ministerio de la Iglesia de Inglaterra. Su primer destino en el ministerio fue Exbury, en Hampshire, pero era una zona rural plagada de enfermedades. Su recurrente infección pulmonar le hizo pasar un par de años difíciles hasta que fue trasladado a Santo Tomás en Winchester. Con su presencia imponente, sus principios apasionados y su cálida disposición, la congregación de John creció tanto y fue tan fuerte que necesitó diferentes alojamientos.

Ryle aceptó entonces un puesto en Helmington, Suffolk, donde tuvo mucho tiempo para leer a teólogos como Wesley, Bunyan, Knox, Calvino y Lutero. Fue contemporáneo de Charles Spurgeon, Dwight Moody, George Mueller y Hudson Taylor. Vivió en la época de Dickens, Darwin y la Guerra Civil estadounidense. Todo esto influyó en la comprensión y la teología de Ryle.

Su carrera de escritor comenzó a partir de la tragedia del puente colgante de Great Yarmouth. El 9 de mayo de 1845, una gran multitud se reunió para los festejos oficiales de la gran inauguración del puente, pero este se derrumbó y más de cien personas se precipitaron al agua y se ahogaron. El incidente conmocionó a todo el país, pero llevó a Ryle a escribir su primer tratado. Habló de las incertidumbres de la vida y de la provisión segura de salvación de Dios a través de Jesucristo. Se vendieron miles de ejemplares.

Ese mismo año, se casó con Matilda Plumptre, pero ella murió después de sólo dos años, dejándole con una hija pequeña. En 1850, se casó con Jessie Walker, pero ella tenía una enfermedad persistente, lo que hizo que Ryle cuidara de ella y de su creciente familia (tres hijos y otra hija) durante diez años hasta que ella murió. En 1861, fue trasladado a Stradbroke, Suffolk, donde se casó con Henrietta Clowes.

Stradbroke, en Suffolk, fue la última congregación donde estuvo Ryle, y allí se hizo famoso por su predicación directa y su evangelismo. Además de viajar y predicar, se dedicó a escribir. Escribió más de 300 folletos, tratados y libros. Entre sus libros se encuentran Reflexiones Expositivas sobre los Evangelios *[Expository Thoughts on the Gospels]* (7 volúmenes, 1856-1869), Principios para los Hombres de Iglesia *[Principles for Churchmen]* (1884), Verdades del Hogar, Nudos Desatados, Sendas Antiguas y Santidad *[Home Truths, Knots Untied, Old Paths and Holiness]*.

Su obra Líderes cristianos del siglo XVIII *[Christian Leaders of the Eighteenth Century]* (1869) se describe como una obra con "frases cortas y concisas, una lógica convincente y una penetrante visión del poder espiritual". Este parece ser el caso de la mayoría de sus escritos, ya que predicaba y escribía con cinco directrices principales: (1) Visión clara del tema, (2) Palabras sencillas, (3) Estilo de composición simple, (4) Lenguaje Directo, y (5) Uso de muchas anécdotas e ilustraciones.

En todo su éxito con la escritura, utilizó los derechos de autor para pagar las deudas de su padre. Es posible que se sintiera en deuda con esa ruina financiera, pues dijo: "No tengo la menor duda de que todo fue para bien. Si no me hubiera arruinado, nunca habría sido clérigo, nunca habría predicado un sermón, ni escrito un tratado o un libro".

A pesar de todas las pruebas que Ryle experimentó -la ruina financiera, la pérdida de tres esposas, su propia mala salud, entre otras- aprendió varias lecciones de vida. En primer lugar, cuida y atiende a tu propia familia. En segundo lugar, nadar a contracorriente cuando sea necesario: Fue evangélico antes de que fuera popular serlo y se aferró a los principios de las Escrituras: la justificación sólo por la fe, la expiación sustitutiva, la Trinidad y la predicación del Evangelio. En tercer lugar, es necesario modelar las actitudes cristianas hacia los oponentes. En cuarto lugar, las ventajas de aprender y comprender la historia de la Iglesia. Las generaciones pasadas aportan importantes beneficios. Quinto, continuar sirviendo en la vejez; "muera en el arnés". Y, sexto, persevera en tus pruebas.

Estos fueron principios de vida que Ryle aprendió al vivir su vida, al predicar, al escribir y al difundir el evangelio. Siempre fue partidario del evangelismo y crítico del ritualismo.

J. C. Ryle fue recomendado por el primer ministro Benjamin Disraeli para ser obispo de Liverpool en 1880, donde trabajó para construir iglesias y salas de misión para llegar a toda la ciudad. Se retiró en 1900 a la edad de 83 años y murió ese mismo año. Su sucesor lo describió como "un hombre de granito con un corazón de niño".

G. C. B. Davies dijo que "una presencia imponente y la defensa intrépida de sus principios se combinaban con una actitud amable y comprensiva en todas sus relaciones personales."

Recursos:

William P. Farley, "J. C. Ryle: A 19th-century Evangelical," *Enrichment Journal,* http://enrichmentjournal.ag.org/200604/200604_120_jcryle.cfm.

"J. C. Ryle," *The Banner of Truth,* https://banneroftruth.org/us/about/banner-authors/j-c-ryle/.

"J. C. Ryle," *Theopedia,* https://www.theopedia.com/john-charles-ryle.

David Holloway, "J. C. Ryle – The Man, The Minister and The Missionary," *Bible Bulletin Board,* http://www.biblebb.com/files/ryle/j_c_ryle.htm.

También Por Aneko Press

Cómo Estudiar la Biblia,
by Dwight L. Moody

Este libro clásico de Dwight L. Moody trae a la luz la necesidad de estudiar las Escrituras, presenta métodos que ayudan a estimular el entusiasmo por las Escrituras, y ofrece herramientas para ayudarte a comprender los pasajes difíciles de las Escrituras. Para vivir una vida cristiana victoriosa, debes leer y entender lo que Dios te dice. Moody es un maestro en el uso de historias para ilustrar lo que está diciendo, y a través de estas páginas, tú serás inspirado y convencido a buscar la verdad en las páginas de la Palabra de Dios.

Available where books are sold.

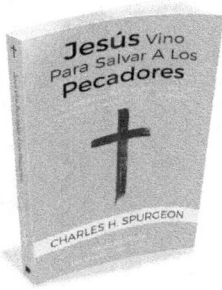

Jesús Vino Para Salvar a los Pecadores,
by Charles H. Spurgeon

Jesús vino a salvar a Pecadores es una conversación de corazón a corazón con el lector. A través de sus páginas, se examina y se trata debidamente cada excusa, cada razón y cada obstáculo para no aceptar a Cristo. Si crees que eres demasiado malo, o si tal vez eres realmente malo y pecas abiertamente o a puerta cerrada, descubrirás que la vida en Cristo también es para ti. Puedes rechazar el mensaje de salvación por la fe, o puedes elegir vivir una vida de pecado después de decir que profesas la fe en Cristo, pero no puedes cambiar la verdad de Dios tal como es, ni para ti ni para los demás. Este libro te lleva al punto de decisión, te corresponde a ti y a tu familia abrazar la verdad, reclamarla como propia y ser genuinamente liberado para ahora y para la eternidad. Ven, y abraza este regalo gratuito de Dios, y vive una vida victoriosa para Él.

Available where books are sold.

www.ingramcontent.com/pod-product-compliance
Lightning Source LLC
Chambersburg PA
CBHW052125070526
44586CB00016B/2087